AF411020

QUELQUES LETTRES

D'ANNE DE BRETAGNE

QUELQUES LETTRES
D'ANNE DE BRETAGNE

PAR

M. L'ABBÉ DURVILLE

CHANOINE DE NANTES

CORRESPONDANT DU MINISTÈRE DE L'INSTRUCTION PUBLIQUE

(Extrait du *Bulletin historique et philologique*, 1907)

PARIS

IMPRIMERIE NATIONALE

MDCCCCVIII

QUELQUES LETTRES
D'ANNE DE BRETAGNE.

La publication des lettres d'Anne de Bretagne a déjà tenté plusieurs auteurs. Les historiens bretons, du Paz, D. Lobineau, D. Morice, en ont inséré un certain nombre dans les pièces justificatives ou preuves de leurs ouvrages. En 1857, M. Gaultier du Mottay a fait un premier recueil des lettres d'Anne[1] au chapitre de Tréguier. M. Le Roux de Lincy[2] a grossi considérablement ce recueil. Il y a ajouté plusieurs lettres inédites tirées de la Bibliothèque nationale, du British Museum et de quelques collections particulières. Il est parvenu à en réunir trente-huit, dont voici la provenance :

a. Publication Gaultier du Mottay, neuf : n°s 1, 2, 8, 10, 16, 22, 23, 26 et 27;

b. Bibliothèque nationale, dix-sept : n°s 3, 4, 5, 6, 7, 9, 12, 18, 19, 20, 21, 24, 25, 33, 34, 35 et 36;

c. British Museum, huit : n°s 11, 14, 15, 17, 28, 29, 31 et 32;

d. Collection d'autographes du marquis de Biencourt, une : n° 30.

e. Collection Lajarriette, deux : n°s 37 et 38;

f. D. Morice, *Preuves de l'Histoire de Bretagne*, une : n° 13.

Avec son projet de recueillir toutes les lettres connues d'Anne de Bretagne, on peut se demander pourquoi Le Roux de Lincy n'a pas utilisé davantage D. Morice. Au lieu d'une lettre, il pouvait lui en emprunter un plus grand nombre, comme on pourra le constater par la liste que nous en donnons plus loin.

---

[1] Ces lettres ont été publiées dans les *Mémoires de la Société archéologique et historique des Côtes-du-Nord*, année 1857.

[2] *Vie de la reine Anne de Bretagne*, Paris, 1860, t. III, p. 1-72.

M. l'Abbé Durville.

Incomplète d'un côté, la publication Le Roux de Lincy contient, d'un autre, au moins trois pièces de trop : ce sont trois lettres fausses comprises sous les n°˙ 9, 37 et 38. Les deux dernières, qui ont appartenu à la collection Lajarriette, ont été faites d'après le n° 9, dont l'original est conservé depuis la fin du XVII° siècle à la Bibliothèque nationale, dans le ms. français 2929, fol. 10 (anc. ms. 8465, fonds de Béthune).

Un spécimen de cette lettre a été publié dans l'*Isographie* et dans l'ouvrage de Le Roux de Lincy. C'est de ce spécimen que se sont servis les faussaires qui, vers 1847, lancèrent sur le marché d'autographes plusieurs lettres fausses d'Anne de Bretagne, conservées aujourd'hui, peut-être précieusement, dans des collections publiques ou particulières.

Sans rappeler ici les moyens de discerner les lettres vraies des lettres fausses d'Anne de Bretagne [1], nous n'hésitons pas à déclarer comme fausses les lettres qui font les n°˙ 9, 37 et 38 de la publication de Le Roux de Lincy, et sommes tenté de faire quelques réserves sur le n° 30, provenant de la collection de Biencourt, ainsi que sur toutes les lettres olographes d'Anne de Bretagne qui ont passé par les ventes publiques depuis 1847. Du reste, il sera facile de se faire une conviction sur l'authenticité de toutes les lettres olographes attribuées à Anne de Bretagne par leur comparaison avec les deux fac-similés que nous avons publiés.

Certes, les lettres olographes d'Anne de Bretagne ont dû être nombreuses à l'origine. La fille du duc François II avait reçu une instruction soignée à la cour brillante de son père. Son écriture authentique dénote, par son aisance, une main qui avait une grande habitude de la plume. Elle aimait à écrire de sa main aux personnes qui lui étaient chères ou pour lesquelles elle professait plus de respect.

Une de ses lettres à Germaine de Foix, sa nièce, devenue reine d'Espagne, est tout entière « de la main de vostre bonne et loyale tante ». C'est aussi de sa main qu'elle écrivait à M°° d'Angoulême, mère de François I°ʳ. Si la lettre que nous donnons plus loin a été écrite par une autre qu'elle, Anne croit devoir en donner la raison : « Ma cousine, vous ne serez ebaïe si je ne vous escris de ma main,

<hr>

[1] C'est l'objet de notre étude : *Les faux autographes d'Anne de Bretagne : le faux autographe de la Bibliothèque nationale et ceux qui en procèdent, avec fac-similé* (Nantes, 1906, in-8°), et *Bulletin de la Société archéol. de Nantes*.

car aujourd'hui est venu au Roy nouvelles d'Espagne, et je suis embesongnée de fayre response aux letres que le Roy et la Royne d'Espagne m'ont ecriptes. »

Un bref du pape Alexandre VI nous apprend encore qu'Anne lui envoyait des lettres olographes. Voici en effet ce que nous lisons dans ce bref : « Accepimus nuper litteras Majestatis tue manu propria scriptas [1]. »

C'est sans doute aussi de sa main que devaient être écrites les lettres nombreuses envoyées par Anne soit à Charles VIII, soit à Louis XII dans leurs expéditions d'Italie. Bien qu'on ne connaisse actuellement aucune de ces lettres, il ne semble pas qu'il soit téméraire d'avancer ce fait.

On pourrait même alléguer en sa faveur les miniatures d'un admirable manuscrit, perdu malheureusement pour la France et conservé à l'Ermitage de Saint-Pétersbourg [2]. Plusieurs de ces miniatures ont été publiées par Montfaucon dans les *Monuments de la monarchie française* [3]. Dans l'une, Anne assise à sa table écrit elle-même la lettre qu'elle destine à Louis XII; dans l'autre, elle plie cette lettre; dans la troisième, elle la remet au courrier. Dans les trois miniatures, la reine est entourée de ses dames d'honneur, mais elle s'occupe seule de sa correspondance : l'office de ces dames est seulement de lui tenir compagnie.

D'après une indication de D. Morice, Anne empiétait même parfois sur l'office des secrétaires de sa chancellerie. Cet auteur donne, en effet, le texte d'une commission en faveur de Gilles de Kermené, son premier échanson, datée du Mans le 3 septembre 1498 [4]. Il ajoute à la fin « escrit de la main de ladite dame ». Si le fait est exact, il nous semble assez étrange pour être signalé.

Mais la correspondance de la reine était trop étendue pour que sa main pût y suffire. Elle avait constamment au moins quatre secrétaires attitrés qui figurent en cette qualité sur l'état des gages des officiers de son hôtel.

[1] Arch. départ. de la Loire-Inférieure, E 54.

[2] *Épitres en vers composées par les poètes royaux de Louis XII et d'Anne de Bretagne pendant la guerre d'Italie.*

[3] T. IV, p. 109, 112, 114.

[4] D. Morice, *Preuves*, III, p. 796.

Voici, avec leurs appointements, ceux que nous lui trouvons sur un compte de ce genre qui va de 1497 à 1498 [1].

Secrétaires :

Guillaume de Forestz, ıı^e xl.^t.
Crespin Normant, ıı^e xl.^t.
Jehan Simon, c.^t.
Jehan Sappin, ıı^e xl.^t.

L'état précédent, qui va de 1496 à 1498 [2], lui donne les cinq secrétaires suivants : Guillaume de la Forest, Crespin Normant, Jehan Simon, Michel Guy et Laurens Maczault; les deux premiers sont aux gages de 240 livres, les trois autres aux gages de 100 livres.

Anne eut à sa disposition un plus grand nombre de secrétaires. Voici la liste de ceux dont jusqu'ici nous avons pu relever les noms soit sur ses lettres missives, soit sur ses lettres patentes :

Forestz (Guillaume de), 1488, 1508.	Maczault (Laurent), 1489, 1498.
Garin, 1493, 1503.	Marchant (Macé), 1503, 1510.
Grapin [3], 1505.	Minec ou Le Minec (Jehan), 1498.
Guichart, 1490, 1491.	Normant (Crespin), 1494, 1510.
Guy (Michel), 1496.	Salmon (Guillaume), 1490, 1498.
La Lande (De), 1490.	Sapin (Jehan), 1496, 1509.
La Vigne (André de), 1505.	Serres (?), 1492.
La Ville (De), 1492.	Sevize, 1492, 1503.
Le Blanc (Roland), 1490 (ou Le Blain, 1488).	Simon (Jehan), 1496, 1498.
	Tressart, 1513.
Le Laceur (Pierre), 1488, 1489.	Vaucouleur (sans date).

Plusieurs de ces secrétaires étaient attachés à la reine dès le temps où elle était duchesse de Bretagne. La Bretonne qu'elle était restée, elle aimait à s'entourer de Bretons. Quelques-uns même,

---

[1] *Estat des gaiges des officiers, dames et damoiselles de l'ostel de la Royne pour l'année commençant le premier jour d'octobre l'an mil iiii^c iiii^{xx} dix-huit et finissant le derrain jour de septembre s'ensuivant, mil iiii^c iiii^{xx} dix-neuf.* (Arch. départ. de la Loire-Inférieure, E 210.)

[2] Godefroy, *Histoire de Charles VIII* (1684), p. 708. En 1506, les quatre secrétaires de la reine sont : *Guillaume Forest, Crispin Normant, Jehan Sapin et Macé Marchand.* (D. Morice, *Preuves*, III, p. 877.)

[3] Elle avait à son service un autre *Grapin* du prénom de Jacques, chevaucheur d'écurie.

comme Pierre Le Laceur et Guillaume de Forestz, avaient été secrétaires de François II, son père. En 1487, à la mort de Pierre
du Chaffault, évêque de Nantes, « Guillaume de Forest, secrétaire
du duc », avait été institué « concierge » du château de Chassay,
situé en Sainte-Luce, près Nantes, maison de campagne de l'évêché,
pour tout le temps que le siège épiscopal serait vacant [1].

Devenue veuve en 1498, Anne ramena ses Bretons en Bretagne
et plaça quelques-uns de ses secrétaires dans sa chancellerie. Dans
son règlement pour la chancellerie de Bretagne, daté de Blois le
9 avril 1498, elle en nomme secrétaires « messires Guillaume
de Forestz, Guillaume Salmon, Laurens Maczault, Jehan le Minec...
et Crespin Normant » [2].

Cependant les Bretons n'étaient pas les seuls à être honorés de
sa confiance. Son amour pour les lettres la portait à s'attacher ceux
qui les cultivaient. C'est ainsi que nous trouvons parmi ses secrétaires le chroniqueur-poète *André de la Vigne*. Auteur de plusieurs
pièces en vers sur les expéditions d'Italie, il montra plus de recon-
naissance que de talent dans les épitaphes et rondeaux qu'il com-
posa en l'honneur de sa maîtresse, à l'occasion de sa sépulture à
Saint-Denis.

Rangerons-nous parmi les secrétaires d'Anne « le poète royal »,
Fauste Andrelin de Forli? Pendant l'expédition de Louis XII en Italie,
il a composé, au nom de la reine, des épîtres en vers latins [3], dans
lesquelles il exprime les sentiments de douleur qu'elle pouvait
éprouver pour la longue absence de son mari ; épîtres que, par une
distraction singulière, un historien d'Anne a attribuées à la reine
elle-même [4] ; mais jusqu'ici nous n'avons rencontré aucune lettre
d'Anne contresignée de son nom.

Il est cependant certain qu'Anne dans sa correspondance ne se
servait pas que de la main de ses secrétaires en titre. Son entourage
de dames et de demoiselles lui fournissait parfois des secrétaires
d'occasion. Dans ce nombre nous signalerons Michelle de Saubonne. Une note ajoutée à la copie d'une lettre [5] que nous don-

[1]. Arch. départ. de la Loire-Inférieure, reg. de chancellerie, B 11, 17 nov.

[2] D. Morice, *Preuves*, III, p. 791.

[3] B. de Montfaucon, *Monuments de la monarchie françoise*, t. IV, p. 108.

[4] Trébuchet, *Anne de Bretagne* (Nantes, 1822), p. 34.

[5] Cette lettre, signée *Anne*, est accompagnée d'une autre portant la même
adresse et partant du même endroit. Le *Catalogue des manuscrits de la Biblio-*

nons plus loin (n° xxvii), nous apprend que c'est elle qui a écrit
cette lettre, signée *Anne*, et adressée à la comtesse d'Angoulême,
mère de François Ier.

Ce grand nombre de secrétaires n'étonnera pas, pour peu que
l'on connaisse l'activité dévorante d'Anne de Bretagne. Cette activité, en rapport avec sa position, ne trouvait pas à se satisfaire
dans les soins si nombreux qu'elle donnait à tout son entourage.
Elle franchissait les limites de la cour et même du royaume, elle
atteignait les cours d'Angleterre, d'Espagne, de Hongrie, de Rome,
partout où Anne avait des affections ou des intérêts. Dès qu'elle
était séparée d'une personne à laquelle elle s'était attachée, elle se
dédommageait, par le plaisir de lui écrire, de l'ennui de ne pou-
voir plus lui parler.

Rien de curieux, sous ce rapport, comme l'étude d'une seule
année de sa correspondance. Sans entreprendre ici ce travail, bor-
nons-nous à dire qu'il jetterait une lumière très vive sur sa vie et
sur son caractère. On y voit une maîtresse de maison qui donne à
ses affaires tous les soins qu'elles réclament, sans rien négliger
de ses petits plaisirs. A une commission concernant les grands
intérêts de son duché de Bretagne en succède une autre d'un
caractère moins grave : on dépêche un page pour aller «chercher
des petits chiens pour le plaisir d'icelle dame», et les frais du
voyage sont enregistrés entre ceux de deux autres d'un but tout
différent.

Aucun événement important dans la vie de ceux auxquels elle
s'intéresse ne la laisse insensible. Par correspondance ou autrement, elle s'occupe elle-même de marier ses dames ou demoiselles
d'honneur. Si elles se marient en dehors de sa cour, c'est pour elle
une occasion de leur rappeler qu'elle reste toujours fidèle à leur
souvenir. Le 16 février 1498, elle écrit ainsi, de Tours, une lettre
au bailli de Senlis pour le mariage de sa fille, qu'elle a eue pendant
quelque temps dans sa maison.

Qu'un de ses officiers vienne à avoir un enfant loin de la cour,
vite Anne y dépêche un de ses pages, et le 16 novembre 1497,
l'un d'eux part d'Amboise pour porter une lettre à Pierre Pie-

thèque de Nantes l'attribue à tort à la duchesse Anne. La comtesse d'Angoulême y
est appelée non pas *ma cousine*, comme dans la première, mais *madame* : la
lettre a été écrite, comme l'autre, par Michelle de Saubonne, et elle est de sa
rédaction.

douault[1], son écuyer tranchant, et à sa femme « qui est demourée acouchée à Villefranche en Beaujolais ».

Enfin, dans les circonstances douloureuses de la vie, quand on est affligé de la perte d'une personne chérie, Anne prend part encore à cette douleur. Le 26 novembre 1497, elle écrit d'Amboise une lettre à Mᵐᵉ de Dunois, à « Monstereul-Bellay, pour la reconforter et consoler de la mort de M. le duc de Savoie ».

Ces délicatesses, qui attachaient si fortement à la reine Anne toutes les personnes de sa cour, entraînaient des frais considérables de correspondance. Malheureusement, on ne peut plus avoir une idée de cette activité épistolaire que par l'enregistrement de ces frais. On constate que le poste de secrétaire d'Anne n'était pas une sinécure. Mais que sont devenues toutes les lettres écrites par tant de mains ?

Leur recherche serait des plus intéressantes. Ces lettres nous donneraient des détails abondants, d'un caractère officiel ou intime, sur les faits ou les personnages de cette époque. Elles mettraient surtout plus vivement en relief la physionomie déjà si attrayante d'Anne de Bretagne, et justifieraient l'admiration si grande qu'ont eue pour elle tous ses contemporains, et les regrets si vifs qu'ils ont éprouvés de sa mort.

Malheureusement, la plupart de ces lettres semblent avoir péri, et la recherche de celles qui restent est des plus difficiles. Il doit s'en trouver dans bien des dépôts publics ou dans des archives particulières. Leur collection complète ne nous semble pas près de se faire. Aussi notre but n'est-il que d'en réunir ici quelques-unes qui nous ont passé sous les yeux dans l'étude que nous avons faite pour établir la fausseté de la lettre du fonds Béthune.

Notre recueil comprend vingt-sept lettres. Si nous y ajoutions les treize publiées déjà par D. Morice et dont Le Roux de Lincy, sans que nous puissions deviner pourquoi, n'a pas cru devoir dire un mot, nous arriverions au nombre de quarante.

Les trente-huit lettres que ce biographe d'Anne de Bretagne a publiées devant être réduites à trente-cinq, par suite de la fausseté incontestable des trois lettres olographes dont nous parlons plus

---

[1] En 1506, Pierre de Piedouault figure sur l'état de la maison de la reine « au nom de Marguerite de Piedonault sa fille ». (D. Morice, *Preuves*, III, 877.)

haut, nous arrivons ainsi à porter le nombre des lettres d'Anne jusqu'à soixante-quinze [1].

C'est bien peu de chose eu égard au nombre considérable de lettres qu'Anne a écrites elle-même ou fait écrire. Cela représente à peine quelques mois de sa correspondance, et cette correspondance comprend au moins vingt années.

Cependant cet échantillon suffit pour nous donner une idée de son talent littéraire. Ces lettres sont de sa rédaction, elle les dictait ou en donnait les minutes. Dans le style alerte de ses lettres familières [2], on retrouve cette intelligence vive, primesautière, prompte à la repartie qui faisait un des charmes de sa conversation. Sa souplesse d'esprit la fait passer aisément du grave au doux, du plaisant au sévère. Jalouse de son autorité, qu'elle maintient avec une ténacité de Bretonne, elle l'affiche dans sa lettre au notaire Richart Maillart, comme elle la fait pressentir dans celle au pape Alexandre VI [3]. La différence est seulement dans le ton de la lettre; elle tient compte des distances, elle observe les formes, mais quand elle prie le « tressaint pere » et requiert sa sainteté « que son plaisir soit ne faire aucune provision de l'evesché de Rennes à quelque personne que ce soit » jusqu'à ce qu'elle ait désigné son candidat, on sent qu'elle ne permettra pas que le plaisir du pape aille contre sa propre volonté.

[1] Nous trouvons l'indication de deux autres dont nous n'avons pu consulter le texte. La première nous est signalée par M. H. Omont dans le catalogue Alfred Morrison (1883). Elle est ainsi mentionnée : « ANNE DE BRETAGNE. *A. L. S.* to her daughter I page folio with superscription thanking her for inquiries the writer says she is none the worse for her journey : Vous asurenst ma fille que me trouverés bonne mere, car vous my obligés de plus en plus veu les gracieuses lestres que m'escripvés. » *Catalogue of the collection of autograph letters and historical documents*, by Alfred Morrison (1883). Cette collection renferme aussi l'original de la lettre publiée sous le n° 30 par Le Roux de Lincy (*second series*, 1882-1893).

La seconde lettre à laquelle nous faisons allusion est ainsi indiquée par M. Bertrand de Broussillon (*La Maison de Laval*, t. IV, p. 34) : 1502, 20 oct. lettre par laquelle Anne de Bretagne recommande au pape Françoise de Rieux, dame de Châteaubriant, qui faisait le voyage de Rome avec une suite de quarante personnes (note B. N. Franç., 22331, 239). Il a été aussi vendu à la vente Chalabre, en 1833, une lettre autographe signée d'Anne de Bretagne adressée à sa fille Claude. C'est peut-être la première des deux dont nous venons de parler.

[2] Voir nᵒˢ XXI et XXII.

[3] Voir nᵒˢ XVI et XXVI.

Ainsi la correspondance d'Anne de Bretagne nous ferait pénétrer plus intimement dans les profondeurs de sa nature. Peut-être même sa publication ajouterait-elle un fleuron de plus à sa couronne.

Les personnages royaux n'ont guère ambitionné la gloire littéraire. Pour quelques-uns cependant, elle leur est venue par surcroît. On sait ce que le bon roi Henry a gagné à la publication de sa correspondance. Peut-être adviendrait-il à notre bonne duchesse quelque chose de semblable, si l'on parvenait à publier un plus grand nombre de ses lettres, ces conversations avec ceux de loin, avec ceux de plus tard, où elle laissait parler librement son esprit et son cœur.

En attendant que les admirateurs d'Anne de Bretagne élèvent ce monument à sa mémoire, nous y apportons notre pierre dans ce recueil, nous allions dire dans ce second fascicule du travail commencé par Le Roux de Lincy.

Nous donnerons d'abord la table de celles qu'il a publiées dans sa *Vie de la reine Anne de Bretagne*, t. III; puis la liste de celles que nous trouvons dans les *Preuves de l'Histoire de Bretagne* de D. Morice, et enfin le texte de celles qui sont l'objet particulier de cette étude.

Ces dernières nous ont été ainsi fournies par les fonds suivants :

Archives nationales, dix : nᵒˢ II, III, IV, V, VIII, IX, X, XI, XII, XIII;

Archives départementales de la Loire-Inférieure, cinq : nᵒˢ I, XVI, XIX, XXV, XXVI;

Bibliothèque municipale de Nantes [1], onze : nᵒˢ VI, VII, XV, XVII, XVIII, XX, XXI, XXII, XXIII, XXIV, XXVII;

Musée Dobrée, à Nantes [2], une : nᵒ XIV.

---

[1] Elles ont été recueillies par M. Bizeul, de Blain, et sont adressées au seigneur de Rohan, dont la famille avait son dépôt d'archives dans le château de cette localité; sur les onze, six sont des originaux, cinq des copies.

[2] Le Musée Dobrée et la bibliothèque municipale possèdent en plus, chacun, une lettre fausse, cataloguée jusqu'ici comme lettre olographe. Nous ne croyons pas devoir en faire état.

M. l'Abbé Durville.   3

A. — Catalogue des lettres publiées
par Le Roux de Lincy.

I. [1493.] Blois, 13 octobre. — Lettre aux chanoines et chapitre de Tréguier; contres. *de Treguery*. Publiée par M. Gaultier du Mottay (*Mémoires de la Société archéologique et historique des Côtes du-Nord* 1857).

II. [1493.] Lyon, 30 novembre. — Lettre aux chantre, chanoines et chapitre de Tréguier; contres. *Garin*. Publiée par M. Gaultier du Mottay (*ibid.*).

III. [1494.] Vienne (Dauphiné), 5 août. — Lettre à M. du Bouchaige; contres. *de Forestz*. D'après Bibl. nat., ms. franç. 2922 (anc. 8459), fol. 32.

IV. [1495.] Moulins, 3 septembre. — Lettre aux gouverneurs du Dauphin; contres. *de Forestz*. Bibl. nat., *ibid.*, fol. 38.

V. [1495.] Seganges-lez-Moulins, 16 septembre. — Lettre aux gouverneurs du Dauphin; contres. *de Forestz*. Bibl. nat., *ibid.*, fol. 50.

VI. [1495.] Moulins, 21 septembre. — Lettre aux mêmes (?), contres. *de Forestz*. Bibl. nat., *ibid.*, fol. 27.

VII. [1495.] Moulins, 18 octobre. — Lettre aux mêmes; contres. *de Forestz*. Bibl. nat., *ibid.*, fol. 33.

VIII. [1498.] Amboise, 17 avril. — Lettre au chapitre de Lantreguyer; contres. *de Forestz*. Publiée par M. Gaultier du Mottay, 1857.

IX. Sans lieu ni date. — Lettre au roi Louis XII. Bibl. nat., ms. franç. 2929 (anc. 8465), fol. 10 (lettre fausse).

X. [1498.] Étampes, 20 août. — Lettre au chapitre de Tréguier; contres. *de Forestz*. Publiée par M. Gaultier du Mottay, qui la date de 1505.

XI. [1500.] Blois, 20 février. — Lettre au roi de Castille; contres. *Sapin*. British Museum, fonds de Simancas.

XII. [1501.] Grenoble[1], 18 juin. — Lettre à Mme du Bouchaige; contres. *Delavigne*. Bibl. nat., ms. franç. 2929 (anc. 8465), fol. 52.

XIII. [1503.] Lyon, 2 novembre. — Lettre au maréchal de Rieux; contres. *Marchant*. D. Morice, *Histoire de Bretagne*, t. III, col. 561.

---

[1] Cette lettre doit être de 1505 et non de 1501. Elle est relative à la santé de la fille d'Anne de Bretagne. Il y est question de *maistre Albert*, comme dans le n° xviii. Elle est contresignée Delavigne, comme les n^os xviii, xix. Au cours de son *Histoire d'Anne de Bretagne*, Le Roux de Lincy date cette même lettre du 18 janvier 1501 et le n° xviii de 1507 (t. I, p. 194 et 195).

XIV. [1503.] [   ], 18 septembre. — Lettre à ses oncle et tante Ferdinand et Ysabelle, roi et reine de Castille, etc.; contres. *Sevizes*. British Museum, fonds de Simancas.

XV. [1503-1505.] Orléans, 18 septembre. — Lettre aux mêmes; contres. *Sevizes*. British Museum, *ibid.*

XVI. [1503.] Blois, 21 janvier. — Lettre aux chanoines et chapitre de Tréguier; contres. *Garin*. Publiée par M. Gaultier du Mottay, 1857.

XVII. [1505.] Bourges, le 21 avril. — Lettre à son oncle Ferdinand, roi de Castille; contres. *Marchant*. British Museum, fonds de Simancas.

XVIII. [1505.] Grenoble, 11 juin. — Lettre à Mme du Bouchaige; contres. *Delavigne*. Bibl. nat., ms. franç. (anc. 8457), fol. 5.

XIX. [1505.] Grenoble, 17 juin. — Lettre à la même; contres. *Delavigne*. Bibl. nat., ms. franç. 2929 (anc. 8465), fol. 19.

XX. [1505.] Valence, 1er juillet. — Lettre à la même; contres. *C. Normant*. Bibl. nat., ms. franç. 2929 (anc. 8465), fol. 5.

XXI. [1505.] Valence, 26 juillet. — Lettre à la même; contres. *Grapin*. Bibl. nat., ms. franç. 2929 (anc. 8465), fol. 43.

XXII. [1505.] Blois, 25 novembre. — Lettre au chapitre de Tréguier; contres. *Le Normand*. Publiée par M. Gaultier du Mottay, 1857.

XXIII. [1505.] Blois, 17 mars. — Lettre au même; contres. *Marchant*. Publiée par le même et en partie par D. Morice, III.

XXIV. [1507.] Angers, 3 avril. — Lettre à Mme du Bouchaige; contres. *Marchant*. Bibl. nat., ms. franç. 2929 (anc. 8465), fol. 41.

XXV. [1507.] Angers, 2 avril. — Lettre à la même; contres. *Marchant*. Bibl. nat., ms. franç. 2929 (anc. 8465), fol. 43.

XXVI. [1507.] Nantes, 25 juin. — Lettre à l'évêque de Tréguier; contres. *Marchant*. Publiée par M. Gaultier du Mottay, 1857.

XXVII. [1507.] Nantes, 25 juin. — Lettre au chapitre de Tréguier; contres. *Marchant*. Publiée par M. Gaultier du Mottay, 1857.

XXVIII. [1509.] Plessis-lez-Tours, 29 mai. — Lettre à son oncle le roi d'Espagne. A la fin, quelques lignes olographes avec la signature *Anne*; contres. *Sapin*. British Museum, fonds de Simancas.

XXIX. [1509.] Grenoble, 25 avril. — Lettre au même; contres. *Le Normant*. British Museum, *ibid.*

XXX. [1510.] Blois, 28 mai. — Lettre au chancelier. D'après l'original autographe qui fait partie de la collection de M. le marquis de Biencourt. Publié aussi dans *The collection of autograph letters and historical documents formed by Alfred Morrison. Second series, 1882-1893* (London, 1893).

XXXI. [1513.] Blois, 13 décembre. — Lettre à son oncle le roi d'Espagne; contres. *Tressart*. British Museum, fonds de Simancas.

XXXII. [De 1505 à 1513 (?).] Sans lieu ni date. — Lettre à la reine d'Espagne sa nièce. British Museum, *ibid*. Lettre olographe, dont nous avons publié le spécimen dans *Les faux autographes d'Anne de Bretagne*.

XXXIII. [1510 à 1514.] Blois, 19 janvier. — Lettre à M. de Saint-Bonnet; contres. *Marchant*. Bibl. nat., ms. franç. 2929 (anc. 8465), fol. 7.

XXXIV. [1510 à 1514.] Blois, 10 septembre. — Lettre à M. du Bouchaige; contres. *C. Normant*. Bibl. nat., ms. franç. 2929 (anc. 8465), fol. 12.

XXXV. [1510 à 1514.] Blois, 12 septembre. — Lettre au même; contres. *C. Normant*. Bibl. nat., ms. franç. 2929 (anc. 8465), fol. 18.

XXXVI [?]. Blois, 6 novembre. — Lettre à M. de Montmorency; contres. *Sapin*. Bibl. nat., ms. franç. 2932 (anc. 8468), fol. 5.

XXXVII [?]. Orléans, 8 septembre. — Lettre au vicomte de Rohan. Collection Lajarriette (lettre probablement fausse).

XXXVIII. Sans lieu ni date. — Lettre à M. de la Trémoille. Collection Lajarriette. Lettre fausse, original aujourd'hui à la bibliothèque municipale de Nantes.

B. — Catalogue des lettres publiées par D. Morice, et non indiquées par Le Roux de Lincy.

I. Lettre aux habitants de Guingamp, Guérande, 17 septembre [1488]. — Signée *Anne*, contres. *de Forest* (D. Morice, III, 608; d'après les *Mémoires de du Paz*).

II. Lettre aux mêmes, Guérande, 24 septembre [1488]. — Signée *Anne*, contres. *Le Laceur* (*ibid.*, 610; même provenance).

III. Lettre à quelques gentilshommes associés pour reprendre Guingamp, Rennes, 16 mars [1489]. — Signée *Anne*, contres. *Le Blain* (*ibid.*, 627; d'après les archives de la maison de Kerousy).

IV. Lettre à son chambellan Morice du Mené, Rennes, 6 avril 1489. — Signée *Anne* (*ibid.*, 639; d'après du Paz).

V. Lettre à M. de Kerousy, Rennes, 13 avril [1489]. — Signée *Anne*, contres. *de Forest* (*ibid.*, 639; d'après les archives de Kerousy).

VI. Lettre à Morice de Mené, capitaine de sa garde, Rennes, 8 janvier [1490]. — Signée *Anne*, contres. *de la Lande* (*ibid.*, 656; d'après du Paz).

VII. Lettre au sieur de Kerousy, fauxbourgs de Nantes, 23 janvier
[1490]. — Signée *Anne*, contres. *Guichart* (*ibid.*, 657; d'après les archives
de Kerousy).

VIII. Lettre aux chapitre et habitants de Saint-Malo, Baing, 11 octobre
[1498]. — Signée *Anne*, contres. *Minec* (*ibid.*, 797; d'après les titres de
l'église de Saint-Malo).

IX. Lettre à Salomon de Kergournadec, Nantes, 10 février [1499]. —
Sans indication de signature (*ibid.*, 836; d'après une copie).

X. Lettre au maréchal de Rieux, Lyon, 2 novembre [1503]. —
Signée *Anne*, contres. *Marchand* (*ibid.*, 862; orig. communiqué par
M. de Rieux).

XI. Lettre au chapitre de Vannes, touchant l'élection de l'évêque, Lyon,
2 janvier [1504]. — Signée *Anne*, contres. *Marchant* (*ibid.*, d'après les
titres de l'église de Vannes).

XII. Lettre au chapitre de Tréguier, sur la mort de son évêque, Blois,
18 mars [1505]. — Signée *Anne*, contres. *Marchant* (*ibid.*, 876; d'après
du Paz).

XIII. Lettre à Tristan de Carné, Bourges, 2 mars. — Signée *Anne*,
contres. *Vaucoulleur* (*ibid.*, 917; d'après les *Mémoires généalogiques de la
maison de Carné*).

C. — LETTRES INÉDITES OU ÉPARSES D'ANNE DE BRETAGNE.

I

LETTRE AUX CAPITAINES DE L'ARMÉE D'ANGLETERRE DÉBARQUÉE EN BRETAGNE.

(Rennes, 30 mai [1491].)

Tres chiers et grans amys, bien cordiallement nous recommandons à
vous. Pour ce que avons eu quelques nouvelles de votre descente [1] en
nostre pays, avecques le bon et grant secours que monseigneur mon bon
père le Roy d'Angleterre nous a envoyé, nous avons expedié le cappitaine

[1] La qualité de *Royne des Romains* qu'Anne prend à la fin de la lettre ne per-
met pas de voir cette descente des Anglais dans celle qui se fit en 1489. Il s'agit
d'une autre qui eut lieu en 1491, et dont il est question dans une lettre de
Maximilien et Anne, datée de Rennes, 23 mai 1491. (D. MORICE, *Preuves*, III,
702.) La lettre que nous publions n'a pas été connue, ou du moins n'a pas été
utilisée par les anciens historiens bretons.

Lornay [1], le seigneur de la Moussaye [2] et Thomas de Kerazret [3], nostre
prevost de mareschaulx, noz chambellains, pour vous recueillir et faire
pourveoir des choses qui vous seront neccessaires, aussi vous dire de nostre
desir et intencion, lesquelz veillez croyre de ce quilz vous en diront de nostre part, et nous faire amplement savoir de voz nouvelles, avecques, se
chose desirez que faire puissons, et nous le ferons de très bon cueur,
comme sceit Nostre Seigneur qui, tres chiers et grans amys, vous ayt en sa
saincte garde. Escript à Rennes, le penultieme jour de may.

La Royne des Romains, duchesse de Bretaigne et bien vostre.

Signé : ANNE.   *Contresigné* : DEFORESTZ.

Au dos : A tres chiers et grans amys les capitaines de l'armée d'Angleterre presentement envoyée à nostre secours par monseigneur mon bon père
le Roy d'Angleterre.

[Original, papier. — Arch. départ. de la Loire-Inférieure, E 123.]

II

RECOMMANDATION EN FAVEUR DE MAÎTRE AUBERT LEVISTE, CONSEILLER AU PARLEMENT.

(Paris, 15 février 1492.)

De par la Royne,

Noz amez et feaulx,

Nous avons sceu presentement le congié de resigner qui a esté naguières
donné et octroyé par monseigneur à maistre Estienne de Boully, son conseillier clerc en sa court de Parlement, pour resigner ledit office au prouffit
de maistre Aubert Leviste, son beau père, conseillier aussi de mondit
seigneur, et rapporteur de sa chancellerie, et pour ce que nous desirons,
de nostre part, le bien et avancement dudit maistre Aubert Leviste, nous
vous prions si très acertes que faire povons, que à nostre requeste, le

[1] Louis de Menton, sgr de Lornay, figure dans un compte de 1491 avec la
qualité de «capitaine général des Almans residans au service de la Royne» (D. Morice, *Pr.*, III, 725), et dans d'autres de 1496, 1497 et 1498, avec celle d'«écuier
d'écurie» et de «capitaine des cent Allemans du Roy». (GODEFROY, *Hist. de Charles VIII*, p. 707.) Il prit part à la bataille de Fornoue. (COMMYNES, liv. VIII,
chap. 11 ; cf. chap. 18.)

[2] Messire Amaury de la Moussaye, sgr de Kergoat, grand veneur de Bretagne jusqu'en 1488 (D. MORICE, *Pr.*, III, p. 583), homme d'armes de la Reyne.
Il figure fréquemment dans les anciens comptes de son hôtel.

[3] Il commandait, en 1481, 20 lances et 30 archers (D. MORICE, *Pr.*, III, 390),
et était prévôt des maréchaux sous le duc François II. (*Ibid.*, p. 736.)

vueillez recevoir oudit office, selon la forme et teneur des lectres dudit congié; et en acquiescant à nostredite requeste, qui est la première [1] que vous avons faite en tel cas et matières d'offices, vous nous ferez tres agreable service et plaisir duquel nous aurons souvenance en temps et lieu. Donné à Paris, le quinziesme jour de février.

Signé : ANNE.   *Contresigné :* DELAVILLE.

Au dos : A nos amez et feaulx conseilliers les gens tenant la court de Parlement.

[R. xvii feb. mIIIc nonag. primo [2].]

[Original, papier. — Arch. nat., XI[a] 9321, n° 35.]

III

RECOMMANDATION EN FAVEUR DE PIERRE BRACQUE ET LOYSE DE CLAUX
DANS LEUR PROCÈS CONTRE DAMOISELLE ANNE GAUDIN.

(Paris, 12 mars [1492].)

De par la Royne,

Tres chers et especiaulx amys,

Nous avons sceu que par devant vous y a ung procès par escript prest à juger entre noz chers et bien amez Pierre Bracque et Loyse de Claux d'une part, et damoiselle Anne Gaudin d'autre, et pour ce que ledit Bracque et ses parens nous ont fait plusieurs grans services et que desirons l'adjudicature dudit procès, nous vous prions que en bonne et briefve justice le vueillez vuyder, et en ce faisant nous ferez très agreable service et plaisir que recongnoistrons envers vous quant d'aucune chose nous requerrez. Donné à Paris, le xiie jour de mars.

Signé : ANNE.   *Contresigné :* SEARES [3].

Au dos : A noz tres chers et especiaux amys les presidens et conseilliers de Parlement en la Chambre des enquestes.

[R. xiii marcii, mil. IIIIc nonag. primo.]

[Original, papier. — Arch. nat., XI[a] 9321, n° 39.]

[1] Anne venait d'être sacrée le 8 février à Saint-Denis, et avait fait son entrée à Paris le lendemain.

[2] Toutes les lettres tirées des Archives nationales portent l'indication que nous mettons entre []. *R* ou *R*[ta] marque la date de réception, et par conséquent donne l'année de la lettre d'une façon certaine.

[3] Nous ne garantissons pas cette lecture. Ce secrétaire nous semble le même que *Seeizes* qui figure sur les lettres publiées par Le Roux de Lincy.

IV

RECOMMANDATION AU PARLEMENT EN FAVEUR DE JEAN DE MIRAMONT AU SUJET
DE SON PROJET DE MARIAGE AVEC JEANNE DE MONCHY.

(Dun-le-Roy, 11 décembre [1494].)

De par la Royne,
> Nos amez et feaulx,

Il peult avoir ung an ou environ que procès est meu par devant vous entre Pierre[1] et Jehan de Monchy et Jehan de Rochebaron d'une part, à l'encontre de nostre cher et bien amé escuier d'escuerie Jehan de Myramont[2], et ce à cause d'aucun traicté de mariage fait dudit nostre escuier et de Michelle de Monchy, fille dudit Pierre de Monchy, et ainsi qu'il nous a esté dit, l'on a fait plusieurs grans griefz et extorcions audit nostre escuier, et pour ce que desirons qu'il soit favorablement traicté et bonne justice luy estre faicte pour les bons et agreables services qu'il nous a faitz et continue chascun jour, près et à l'entour de nostre personne, nous vous prions bien affectueusement que, en faveur de nous, vous vueillez en bonne et briefve expedicion de justice avoir ledit nostre escuier pour especiallement recommandé en son bon droit, et vous nous ferez très singulier plaisir. Donné à Dun le Roy, le unziesme jour de decembre.

Signé : ANNE.   *Contresigné :* C. NORMANT.

Au dos : A noz amez et feaulx les gens tenant la cour de Parlement à Paris.

[R° xvi° decembris, m° iiii° nonages. iiii°.]

[Original, papier. — Arch. nat., X¹ᵃ 9321, n° 69.]

---

[1] Pierre de Monchy, sgr de Montcavrel, Massi, etc., lieutenant du Roi en Picardie, père de Jean III du nom, qui mourut à la bataille de Ravenne (1512). Sa fille Michelle épousa : 1° Galois Blondel, baron d'Argoulles ; 2° Jean de Rochebaron, seigneur de Lignon. (*Moréri*, art. MONCHI ; P. ANSELME, t. VII, p. 550.)

[2] Jehan de Miraumont ou de Mirammont figure parmi les escuiers d'escuerie sur divers états des gages des officiers de l'hôtel de la Reine. (État de 1492, LE ROUX DE LINCY, *op. cit.*, t. IV, p. 4. — État de 1496, *Hist. de Charles VIII*, par GODEFROY, 1684, p. 707. — État de 1498-1499, Arch. départ. de la Loire-Inférieure, E 210. Il y avait aussi un Jehan de Hautefort, sgr de Miraumont, chambellan des rois Charles VII et Louis XII. (P. ANSELME, t. VII, p. 330.)

V

RECOMMANDATION EN FAVEUR DE MICHEL DE SOUASSE, DU PAYS DE NAVARRE,
CONTRE PHILBERT DE LA BAUME.

(Moulins, 31 décembre [1494].)

De par la Royne,

Nos amez et feaulx,

Nous avons esté advertiz qu'il y a certain procès pendant par devant vous et prest à juger entre ung nommé Philbert de la Baume appelant, d'une part, et ung aultre nommé Michel de Souasse [1], des pays de Navarre, en faveur duquel nostre tres chere et tres amée tante la princesse de Vienne [2] nous en a escript, d'autre part, et pour ce que desirons faire pour nostredite tante, aussi que les estrangiers sont à favoriser, et que aucuns nos speciaulx serviteurs nous en ont semblablement pour luy fait requeste, à ceste cause, nous en avons bien volu escripre et faire prier affectueusement à ce que le plus tost que possible sera, vous faites vuyder et expedier ledit procès, en ayant le bon droit dudit Souasse en justice pour recommandé, et vous nous ferez tres singulier plaisir. Donné à Molins, le derrain jour de decembre.

Signé : ANNE. *Contresigné :* C. NORMANT.

Au dos : A noz amez et feaulx les gens tenant le Parlement de monseigneur à Paris.

[R⁽ᵉ⁾ xvᵉ die januar. mⁱ iiiiᶜ nonages. iiiⁱᵉ.]

[Original, papier. — Arch. nat., X¹ᵃ 9321, n° 82.]

VI

LETTRE AU SEIGNEUR DE ROHAN [3] TOUCHANT LA REMISE D'UNE AFFAIRE
FIXÉE AU 1ᵉʳ AVRIL.

(Moulins, 18 mars [1495].)

Mon cousin,

J'entendoye que ceulx qui ont esté commis et depputez par monseigneur pour besongner au fait de voz demandes se deussent trouver icy en ceste

[1] En 1501, un compte d'Anne alloue 400 livres à Diego de Soace en attendant quelque office. (D. MORICE, *Pr.*, III, 856.)

[2] Madeleine de France, fille de Charles VII, mariée le 7 mars 1461 à Gaston de Foix, prince de Viane. Le P. Anselme place à tort sa mort en 1486: «Elle mourut, dit-il, en 1486 et non en 1495 comme l'a dit Zurita», t. 1, p. 118. Nous avons déjà relevé cette divergence dans notre Catalogue des manuscrits du musée Dobrée, article PHILIPPE DE COMMYNES, p. 465.

[3] Jean II, vicomte de Rohan, fils d'Alain IX. Il avait épousé, le 8 mars 1461, Marie de Bretagne, fille du duc François Iᵉʳ et d'Isabeau d'Écosse, et cousine de la reine Anne. Il mourut en 1516.

ville au premier jour d'avril ainsi que le vous avoye escript, et à ceste cause avoye mandé au procureur general de Bretaigne et autres gens de conseil dudit pays se y rendre. Toutes foiz, les presidens et conseilliers de Paris à ce commis m'ont fait savoir qu'ilz desireroient bien que ledit jour fut supercedé jusques après la feste de Pasques. Considerans que entre ledit premier jour d'avril et Pasques y a peu de temps [1], lequel temps est plus pour employer à Dieu que à visiter procès, par quoy ny pourroient pas faire grant chose, et aussi que en cedit temps, ilz laisseroient à grant regrect leur maison, mais que incontinent après Pasques ilz partiroient, mon cousin, j'en ay parlé à mon frère de Bourbon [2], et aux gens du grant conseil de mondit seigneur, estans icy, auxquels il a semblé qu'il n'y aura que bien de ainsi le faire, et ont esté d'advis, en regart à ce que dit est, et que seroit faire une grande mise et despense et peu de prouffit que faire venir oudit temps lesditz depputez, que ledit terme fust prolongé jusques au lundi après *Misericordia Domini* [3], de quoy vous ay bien volu advertir, afin que ne envoiez voz gens à celluy jour, car ainsi je l'ay mandé ausditz procureur general et autres à qui j'en avoye escript de pareillement ne se y rendre jusques aud. jour, auquel jour n'y aura faulte, et vous asseure que j'eusse bien desiré que se fussent trouvez audit premier jour d'avril, comme le vous avoye escript et encores si ainsi estoit que voz gens fussent prestz, quelque chose que me ayent fait savoir lesd. presidens et conseilliers, je leur manderay qu'ilz se treuvent aud. jour, car je vouldroye bien que la matière fust vuydée; et pour ce advertissez moy de ce que en aurez fait, à ce que je le face savoir auxd. presidens et autres commis en ladite matière, et à tant prie Dieu, mon cousin, vous avoir en sa garde. Escript à Molins, le xviii° jour de mars.

Signé : Anne.   *Contresigné :* G. Normant.

Au dos : A mon cousin le seigneur de Rohan.

(*Trace de cachet.*)

[Original, papier. — Bibl. munic. de Nantes. Mss 680, 12.]

---

[1] En 1495, date de cette lettre (voir note 3 de la lettre suivante), Pâques tomba le 19 avril.

[2] Pierre de Bourbon, mari d'Anne de Beaujeu.

[3] *Misericordia Domini*, deuxième dimanche après Pâques. En 1495, il tombait le 3 mai.

VII

LETTRE AU COMTE DE ROHAN SUR LE MÊME SUJET.
(Moulins, 3 avril [1495].)

J'ay veu les lectres que vous m'avez escriptes par voz maistre d'ostel et seneschal de la Ganasche [1], porteurs de cestes. Et bien huit jours avant leur arrivée vous avoye escript [2] comment aucuns des commis en la matiere, qui sont de Paris, m'avoient fait savoir qu'ilz eussent bien desiré que le terme qui estoit à ce premier jour d'avril fut supercedé jusques après Pasques, et que entre ledit premier jour d'avril et lad. feste le temps estoit plus à entendre à Dieu que à visiter procès, mais que, sans point de faulte, après lad. feste ilz estoient contens de partir, et après en avoir communiqué à mon frère de Bourbon et aux gens du grant conseil estans icy qui ont esté d'advis, considéré ce que lesd. commis en ont escript, aussi que entre lad. feste et led. premier jour d'avril n'y avoit pas long temps durant lequel on eust peu besongner grant chose, semblablement que ce eust esté grant mise de chacune part, que le terme fust supercedé jusques au lundi d'après *Misericordia Domini*, ainsi que aurez peu au long voir par mesd. lectres. Aujourduy est arrivé le corrier qui estoit allé querir la commission qu'il a apportée, laquelle j'ay fait monstrer à cesd. porteurs et leur en ay fait bailler le double pour le vous porter et pour ce que j'ay entendu par les lectres que mond. seigneur m'a escriptes qu'il désire qu'il soit besongné en lad. matière, aussi foys je de ma part à ce que bonne yssue se y puisse trouver. Mon intencion est qu'il y soit vacqué et entendu audit terme, et à ceste cause, combien que j'aye mandé auxd. commis de Paris de ne faillir à se y trouver et pareillement à ceux de Bretaigne qui y estoient mandez, encores leur en escripz presentement. Et par ainsi, mon cousin, je croy que, de vostre costé, vous ne fauldrez d'y envoyer voz gens.

Mon cousin, par les lectres que mondit seigneur m'escript il me fait savoir de ses nouvelles et de sa bonne prosperité et victoire de son royaume de Naples et a donné charge à monseigneur le cardinal de Saint-Malo [3]

----

[1] Ce sénéchal se nommait Pierre Charruault. «Maistre Pierre Charruault, seneschal de la Ganasche», paraît dans le compromis fait à Blois entre la reine Anne et le vicomte de Rohan au sujet de la succession des ducs de Bretagne, le 20 février 1499. Il est dit «conseiller et advocat desdits sieur et dame de Rohan en cette matière». (D. Morice, *Pr.*, t. III, p. 830.) On le retrouve dans la sentence prononcée à ce sujet à Lyon le 11 septembre 1501. (*Ibid.*, p. 854.) La seigneurie de la Garnache (Vendée, arr. des Sables-d'Olonne) appartenait au seigneur de Rohan.

[2] Il s'agit ici de la lettre du 18 mars. Voir plus haut, n° VI.

[3] Guillaume Briçonnet, fils de Jean, trésorier de l'épargne. Évêque de Saint-Malo, lors de son élévation au cardinalat, le 16 janvier 1495, il prit le titre de cardinal de Saint-Malo. Il accompagnait alors Charles VIII dans son expédition en

m'en escripre bien au long, et pour ce que je congnoys que de chose qui vous peust venir, ne sauriez estre plus joieux que de oyr de ses bonnes nouvelles, je vous en envoye le double. Et à tant, prie Dieu qui, mon cousin, vous ait en sa garde. Escript à Molins, le tiers jour d'avril.

Signé : ANNE.   *Contresigné :* C. NORMANT.

Au dos : A mon cousin le conte de Rohan.

[Original papier. — Bibl. munic. de Nantes. Mss 680, 13.]

VIII

RECOMMANDATION AU PARLEMENT EN FAVEUR D'ANTOINE MORELOT CONTRE FRANÇOIS DE MONTJOURNAL.

(Moulins, 30 avril [1495].)

De par la Royne,

Noz amez et feaulx,

Nous avons sceu comme puis nagueres ung nommé François de Montjournal[1] et autres ses complices se sont transportez en la maison de Antoine Morelot, en laquelle ilz ont fait de grans et enormes excès, desquelz par auctorité de justice ont esté faictes informacions, et que ce saichant par ledit de Montjournal et pour fouyr à justice et eviter la punicion du mal fait par luy commis, s'est porté pour appellant en la court de Parlement, où ledit Morelot pour avoir reparacion desdits excès l'a fait anticiper à certain brief jour à eschcoir, et pour ce que telles voyes sont à reprimer et mesmement quant il en appert par informacions devant faictes et par auctorité justice (*sic*), nous vous prions bien affectueusement que, en faveur de nous et à nostre requeste, vous vueillez administrez (*sic*) audit Morelot bonne et briefve expedicion de justice et l'avoir en ce pour singulierement recommandé, et vous nous ferez tres agreable plaisir. Donné à Molins, le dernier jour d'avril.

Signé : ANNE.   *Contresigné :* MACZAULT.

Au dos : A nos amez et feaulx les gens de la cour de Parlement de monseigneur, à Paris.

[R. vi^ta maii mil. iiii^c nonag. v^to.]

[Original, papier. — Arch. nat., X^1a 9321, n° 115.]

Italie. Il mourut à Narbonne, dont il était archevêque, le 14 décembre 1514. (*Hist. de Charles VIII*, par GODEFROY, 1684, p. 638, et catalogues des évêques de Saint-Malo; *Gallia Christiana*, prov. de Tours, et *Pouillé de l'archidiocèse de Rennes*, par l'abbé GUILLOTIN DE CORSON.)

[1] L'état de la maison de la reine en 1506 mentionne parmi ses maitres d'hôtel, Jacques de Montjournal. (D. MORICE, *Pr.*, t. III, p. 878.) Nous ignorons s'il était de la famille du nommé François de Montjournal dont il est ici question.

IX

RECOMMANDATION AUPRÈS DU PARLEMENT EN FAVEUR DE JEAN DE CHALONS.

(Moulins, 18 juin [1495].)

De par la Royne,
    Noz amez et feaulx,

Nostre cousin le Prince [1] nous a fait savoir qu'il a certains procès et affaires par devant vous, lesquelz luy touchent très fort; et pour ce qu'il luy semble que en nostre faveur luy donnerez briefve et favorable expedicion en justice, en sesdits procès et affaires, il nous a suplié vous en escripre. Si vous prions tant et si très affectueusement que possible nous est, que en sesdits procès vueillez donner briefve fin et l'avoir pour recommandé en raison et equité, en façon qu'il congnoisse que pour nostre prière et rescripcion, il luy en ait esté de mieulx. Car nous tenons ses affaires comme les nostres propres pour les grans et speciaulx services qu'il nous a faiz; et aussi il s'en va au devant de monseigneur, auquel comme entendez assez, il peut faire le service à son seur retour autant que nul autre, dont sesdites affaires doivent estre en plus grande recommandacion. Si, y vueillez faire, par manière qu'il ayt tousjours meilleur vouloir de bien servir ainsi qu'il est deliberé de monstrer par effect. Et en ce faisant, vous nous ferez moult grant et singulier plaisir. Donné à Molins, le xviii° jour de juing.

Signé : Anne.   *Contresigné :* C. Normant.

Au dos : A noz amez et feaulx les gens tenant la court de Parlement à Paris.

[R. xiiii julii mil. nonag. v°.]

[Original, papier. — Arch. nat., X¹ᵃ 9321, n° 123.]

X

RECOMMANDATION AU PARLEMENT EN FAVEUR DU MARÉCHAL DE RIEUX.

(Moulins, 12 juillet [1495].)

De par la Royne,
    Nos amez et feaulx,

Nous avons sceu que nostre cousin le mareschal de Bretaigne [2] a ung

----

[1] Probablement Jean de Châlons, prince d'Orange, fils de Guillaume et de Catherine de Bretagne, sœur de François II, père d'Anne.

[2] Jean, sire de Rieux, fils de François de Rieux et de Jeanne de Rohan, né

procès pendant par devant vous, duquel, longtemps a, il poursuit le juge-
ment, et à ce qu'il nous a dit il a grant domage au retardement d'icelluy.
Vous povez entendre que les grans services qu'il a faiz à monseigneur au
recouvrement de son royaume de Naples requerent bien estre recongneuz
en ses affaires, lesquelz il laisse encores à present, et s'en retourne au devant de mondit seigneur pour le servir ainsi qu'il y a bon vouloir, comme
de ce sommes bien informez. Si vous prions le plus affectueusement que
povons, que ayant regart au bon vouloir de nostredit cousin, et aux bons
services par luy faiz et qu'il a intencion et desir de faire, vous vueillez expedier et mectre fin en sondit procès le plus tost que possible sera, en lui
gardant son bon droit, comme croyons que bien ferez, et ce nous tiendrons
à tres grant et agreable plaisir. Donné à Molins, le xiie jour de juillet.

Signé : Anne.   *Contresigné :* G. Normant.

Au dos : A nos amez et feaulx les gens tenant la cour de Parlement.

[R. xvi^a julii, mil. iiii^c non. v^{to}.]

[Original, papier. — Arch. nat., X^{ia} 9321, n° 129.]

XI

RECOMMANDATION AU PARLEMENT EN FAVEUR DE PIERRE DE ROCHECHOUART,
ÉVÊQUE DE SAINTES.

(Moulins, 29 juillet [1495].)

De par la Royne,
Nos amez et feaulx,

Pour ce que nous avons sceu que l'evesque de Xainctes[1], nepveu de
nostre amé et feal l'evesque d'Alby[2] est tenu en procès par devant vous

le 27 juin 1447, créé maréchal de Bretagne en 1470 par le duc François II.
Il avait été le tuteur d'Anne de Bretagne, et mourut le 9 février 1518. Il est plus
souvent désigné sous le titre de maréchal de Rieux. (P. Anselme, VI, 766.)

[1] Pierre de Rochechouart, fils de Jean II, sgr de Mortemart, et de Marguerite d'Amboise, sœur du cardinal Georges d'Amboise; évêque de Saintes par
résignation de son oncle Louis de Rochechouart, faite le 10 août 1492. Il était
en procès au sujet de son évêché contre Gui de Tourestes, doyen du chapitre de
Saintes, élu par quelques membres du chapitre : †1503. (*Gallia Christiana*, t. II,
p. 1081.)

[2] Louis d'Amboise, fils de Pierre et d'Anne de Bueil, frère du cardinal: évêque d'Alby en 1473, il mourut à Lyon le 1er juillet 1503 ou 1505, d'après
la *Gallia Christiana*, t. I, p. 35, en 1505, d'après le P. Anselme qui cite pour
référence la *Gallia Christiana* (Anselme, VII, 124).

pour raison de sondit evesché, et que desirons qu'il soit favorablement
traicté en ses affaires en recongnoissance des grans et recommandables services que ledit evesque d'Alby, le s. de Rochechouart et autres ses prou-
chains parens ont fait et font de jour en jour à monseigneur en ses conseilz
et principaulx affaires, à ceste cause nous vous prions tres affectueusement
que, oudit procès, vueillez avoir ledit evesque de Xainctes en son bon droit
pour singulierement recommandé, en luy administrant bonne et briefve
expedicion de justice, et vous nous ferez bien grant et singulier plaisir.
Donné à Molins, le xxixe jour de juillet.

Signé : ANNE.   *Contresigné :* C. NORMANT.

Au dos : A noz amés et feaulx les gens tenant le Parlement à Paris.

[R^{ta} xie aug. M IIIIe nonag. v°.]

[Original, papier. — Arch. nat., X^{1a} 9321, n° 131.]

XII

RECOMMANDATION EN FAVEUR DE THÉODORE DE SAINT-CHAMOND, ÉLU ABBÉ
DE SAINT-ANTOINE EN VIENNOIS.

(Moulins, 12 août [1495].)

De par la Royne,
   Noz amez et feaulx,

Nostre tres cher et bien amé frère Theodore de Saint-Chamond[1], abbé
de l'abbaye de Mons. Saint Anthoine en Viennois, nous a fait dire et re-
monstrer que, combien que justement et canonicquement il ait esté pourveu de la commanderie de Flandres par les regens de ladite abbaye, par
la vacacion de leur siege abbacial, ainsi que faire le devoient et povoient,
neant moints ung nommé frère Gabriel Robertot, soubz couleur de certain
tel quel tiltre qu'il pretend avoir en ladite commanderie, poursuit ledit abbé
de Saint Anthoine en la court de Parlement, qui est contre droit et raison,
veu que icelluy de Saint Anthoine est pourveu par l'ordinaire, et pour ce
que avons les affaires dudit Saint Anthoine très à cueur, et desirons que
en iceulx il soit favorablement traicté, en recognoissance mesmement de
ce que journellement il fait continuer audit lieu de Saint Anthoine à
faire prières et oroisons au glorieux corps saint de saint Anthoine pour
monseigneur et pour nous, et des recommandables services que nostre

---

[1] Théodore Mitte de Saint-Chamond, élu abbé de Saint-Antoine le 25 février 1495, mort à Nancy le 28 décembre 1527, inhumé à Pont-à-Mousson.
(Voir *Moréri*. art. MITTE (Théodore) et *Gallia Christiana*, *Prov. Viennensis*, p. 203.)

amé et feal conseillier et chevalier d'honneur, le seigneur de Tournon [1], duquel ledit abbé de Saint Anthoine est preuche parent, nous fait ordinairement autour de nostre persoune dont en avons bien voulu escripre et prier affectueusement à ce que, en faveur de nous et à nostre requeste, vous vueillez avoir l'affaire dudit de Saint Anthoine en bonne justice pour singullierement et speciallement recommandée, et vous nous ferez plaisir tres agreable. Donné à Molins, le xiie jour d'aoust.

      Signé : ANNE.   *Contresigné :* DE FORESTZ.

Au dos : A noz amés et feaulx les gens de la court de Parlement.

[R. xxvie aug. m^o iiiie nonag. v^o.]

[Original, papier. — Arch. nat., X^{1a} 9321, n° 136.]

XIII

RECOMMANDATION EN FAVEUR DE GUILLAUME GUÉGUEN, VICE-CHANCELIER DE BRETAGNE, ÉVÊQUE ÉLU DE NANTES.

(Amboise, 29 décembre [1497].)

De par la Royne,

Noz amés et feaulx,

Par plusieurs fois nous avons escript de l'affaire que nostre amé et feal conseillier et vichancelier de Bretaigne [2] a par devant vous touchant l'evesché de Nantes à [ce que] en faveur de nous luy voulsissez faire bonne et brieffve expedicion en justice, et pour ce que avons la matière à cueur et en affection, tant pour cause quelle nous touche fort, comme povez assez entendre; mesme qu'il est nostre serviteur, aussi que soubz coulleur de certaines ouvertures que firent aucuns des parens de son adverse partie pour appointer la chose par le commandement exprès de monseigneur, lui fismes deloyer la poursuyte de sondit droit, moyennant certain appointement auquel il n'a en riens fourny, combien que sesdits parens et luy y ayent entretenu nostredit vichancelier par l'espace de troys ans et plus, disans tousjours le voulloir faire, nous avons encore bien voulu vous en escrire en vous priant affectueusement que veillez donner audience

[1] Jacques de Tournon, fils de Guillaume et d'Antoinette de la Roue, époux de Jeanne de Polignac. Il fit son testament en 1501. Il était père du cardinal de Tournon, un des hommes les plus célèbres de son temps. Jacques de Tournon figure sur divers comptes d'Anne de Bretagne. (Voir LE ROUX DE LINCY, *Vie d'Anne de Bretagne*, t. II, p. 143; t. IV, p. 1, 20.)

[2] Guillaume Guéguen, élu évêque de Nantes en 1487, ne prit possession de son siège qu'en 1500 et mourut en 1506.

à nostredit vichancelier en ladite matière, et l'avoir en justice et en son
bon droit pour favorablement reconmandé, et vous nous ferez tres agreable
plaisir dont nous tendrons à vous atenuz et en aurons souvenance quant
d'aucune chose nous vouldrez requerir, soit en general ou particulier que
faire puissons pour vous. Donné à Amboyse, le xx° jour de decembre.

   Signé : ANNE.   *Contresigné :* DEFORETZ.

Au dos : A noz amés et feaulx les gens tenant le Parlement de monseigneur, à Paris.

 [R. XXIX dec. non. VII°.]

  [Original, papier. — Arch. nat., X¹ᵛ 9321, n° 186.]

XIV

LETTRE AU SEIGNEUR DE ROHAN AU SUJET DE LA MORT DE CHARLES VIII.

(Amboise, 14 avril [1498].)

  Mon cousin,

 Vous avez bien sceu le decès avenu de monseigneur le Roy mon mary
que Dieu absoille dont je me suys trouvée si troublée et desolée qu'il ne
m'a esté possible plus tost vous escrire. J'ay deliberé envoyer en brieff devers vous quelque ung de mes prochains serviteurs pour vous dire bien
amplement de mon intencion et le grant et singulier voulloir et desir que
j'ay que le povre peuple soit soulaigé et favorablement traicté en toute bonne
justice et transquilité. Je vous prie, mon cousin, que ce pendant vueillez
donner ordre en vostre endroit en toutes les choses que verrez estre affaire
pour le bien de moy et de tout mon pays, ainsi que j'en ay en vous ma
parfaicte et entière seurté et fience. Et à Dieu, mon cousin, qui vous ait en
sa saincte garde. Escript à Amboise, le XIIII° jour d'avril.

   Signé : ANNE.   *Contresigné :* C. NORMANT.

Au dos : A mon cousin le seigneur de Rohan.

 (*Trace de cachet, cire rouge.*)

  [Original, papier. — Musée Dobrée, Nantes. Catal. des autographes, par G. Durville, n° 28. Publiée dans l'*Amateur d'autographes*, 16 avril 1865, p. 116.]

XV

LETTRE AU SEIGNEUR DE ROHAN POUR L'INVITER À ASSISTER AU SERVICE DU ROI CHARLES VIII, PUIS À ACCOMPAGNER ANNE À PARIS.

(Amboise, 8 mai 1498.)

A mon cousin le sgr de Rohan.

Mon cousin, pour ce que j'ay deliberé faire un service solempnel en ce lieu d'Amboise pour l'ame de feu mon seigneur que Dieu absolle au xix° jour de ce mois, et tout incontinent prendre chemin pour aller à Paris où le Roy m'a fait savoir de me randre pour me faire la raison de ce que reste de mon duché de Bretaigne à quoy je desire que vous et les autres grans personnaiges de mon pays soient, par l'advis et deliberation desquelz veuil et entends me conduire vous priant surtout ... [1], le plaisir et service que faire me desirez, que pour le bien de moy, de vous et de toute la chose publicque de mon pays, vous soiez icy au xix° jour de ce mois pour me accompaigner jucques aud. lieu de Paris et servir en ce que dessus que .... [2], et ne veillez y faillir comme me tiens tres certaine que à tel et si grant affaire ne vouldriez; et à Dieu, mon cousin, qui vous ait en sa garde. Escript à Amboise, le viii° jour de may.

Signé : ANNE.   *Contresigné :* DEFORESTZ.

[Copie de M. Bizeul. Bibl. munic. de Nantes, Mss 680, 152. L'original apparteннit à la collection de Trémont. Il a été vendu en 1852 7 fr. 50.]

XVI

LETTRE À RICHART MAILLART, POUR L'EMPÊCHER D'ÉLEVER DES GALERIES SUR UNE MAISON VOISINE DU COUVENT DES CARMES DE NANTES.

(Lyon, 18 février [1499].)

De par la Royne,
Richart Maillart [3].

Le prieur des Carmes de Nantes [4] est venu devers nous qui nous a remonstré les grans prejudices que voullez faire audit convent en l'edillicacion de certain edillice de galleries que faictes lever à une vostre maison située près ledit convent [5], de quoy ne summes contens. Vous savez assez

---

[1] et [2] L'auteur de la copie n'a pu lire ces mots sur l'original.

[3] Il était notaire de la Court de Nantes.

[4] Il se nommait Guillaume Guisnel.

[5] Cette maison se trouvait près du couvent des Carmes, dans la rue actuelle du Moulin.

la devocion que depieça avons à icelui convent où est monseigneur et père, que Dieu absolle, ensepulturé[1], et povez congnoistre que entre les autres il est à grandement favoriser pour le devot lieu que s'est et pour pluseurs autres bonnes causes. Et pour ce avons bien voullu vous en escripre, et de nostre intencion sur ce, à ce que cessez lesd. prejudices et que n'ayons cause de y faire pourveoir par autre voye.

Donné à Lyon, le xviii° jour de fevrier.

Signé : ANNE.   *Contresigné :* DEFORESTZ.

Au dos : Richart Maillart.

[Original papier. — Arch. départ. de la Loire-Inférieure, H 235.]

XVII

LETTRES AU SEIGNEUR DE ROHAN, RELATIVE À UNE AFFAIRE PENDANTE ENTRE ANNE ET LUI[2].

(Château-Renaud, 22 février [1499].)

Mon Cousin,

J'ay receu les lectres que m'avez escriptes par ce pourteur et icelluy oy bien au long de ce que luy aviez chargé me dire touchant vostre matière. Je m'actens que mes gens du conseil de Bretaigne se trouveront aussi toust à Bloys que moy, car je les ay envoié querir et encoures envoieray les haster, et soyez seur, mon cousin, que incontinent que le Roy et moy serons arrivez audit Blois, quelque matière et affere qu'il y ait, vostredite matière sera des premieres depeschée, ainsi que j'ay dit audit pourteur pour le vous dire, priant Dieu, mon cousin, qui vous ait en sa garde. Escript à Chasteau-Regnaud, le xxii° jour de febvrier.

Signé : ANNE.   *Contresigné :* SAPIN.

Au dos : A mon cousin le seigneur de Rohan.

[Original papier. — Bibl. munic. de Nantes, mss 680, 14.]

[1] François II, duc de Bretagne, y avait été inhumé, et Anne lui éleva le magnifique tombeau connu sous le nom de *Tombeau des Carmes,* que l'on admire aujourd'hui dans la cathédrale de Nantes.

[2] Il nous semble que cette lettre et les nᵒˢ xviii, xx, xxiii, xxiv concernent l'affaire de la succession de Bretagne, longtemps débattue entre Anne et le seigneur de Rohan, époux de Marie de Bretagne, fille du duc François Iᵉʳ. Voir la note 1 du nᵒ vii.

XVIII

LETTRE AU MÊME, MÊME SUJET.

(Moulins, 4 mars [1499].)

Mon cousin,

J'ay receu vos lectres, et, entant que touche l'affaire, en a esté prise journée et assignation pour y besongner comme savez. Mon intencion est d'y entendre de ma part. Et ay ja mandé à ceulx de Parlement de Paris qui sont à ce commis, et aussi à ceulx de mon conseil en mon pays de Bretaigne, se trouver à ladite journée garniz de ce qui sera necessère pour la matière, et croy qu'ilz n'y fauldront point. Pourquoy ne vueillez differer de vostre cousté. Et à Dieu, mon cousin. Escript de Molins, le quart jour de mars.

Signé : ANNE.   *Contresigné :* C. NORMANT.

Au dos : A mon cousin le seigneur de Rohan. (Trace de cachet.)

{Original papier. — Bibl. munic. de Nantes, mss 680, 15.}

XIX

LETTRE AUX GENS DE LA CHAMBRE DES COMPTES DE BRETAGNE, POUR LEUR ANNONCER UNE DONATION FAITE AU COUVENT DES JACOBINS DE NANTES.

(Les Montils sous Blois, 25 avril [1499].)

De par la Royne et duchesse,

Nos amez et feaulx conseilliers,

Nous avons donné aux religieux et convent des Jacobins[1] de Nantes, l'ospital et maison[2] Dieu joignant icelui, que les bourgois et habitans dudit Nantes nous ont puis nagueres donné : lequel don, par nous fait, monseigneur a confirmé comme pourrez veoir plus à plain par les lectres desditz dons et confirmacion[3]. Et pour ce expediez-les ainsi qu'il est

[1] Il se trouvait entre la place des Jacobins, le Château et la Loire.

[2] Les Jacobins y construisirent alors la grande maison qu'on voit encore rue Dubois. Par suite de cette donation, l'hôpital de Nantes fut transféré dans la rue actuelle du Vieil-Hôpital ; puis au xvii⁰ siècle dans l'île Gloriette, à la place qu'il occupe aujourd'hui.

[3] Ces lettres se trouvent, mais en mauvais état, dans le même dossier : elles sont datées de 1499.

requis et ny faites faulte. Donné aux Montilz soubs Bloys, le xxv° jour d'avril.

Signé : ANNE.   *Contresigné :* C. NORMANT

Au dos : A noz amez et feaulx conseilliers les gens de la chambre de noz comptes en Bretaigne.

[Original papier. — Arch. départ. de la Loire-Inférieure, II 299.]

XX

LETTRE AU SEIGNEUR DE ROHAN AU SUJET DE SES AFFAIRES.

(Les Montils sous Blois, 15 mai [1499].)

Mon cousin,

J'ay receu les lectres que m'avez escriptes par voz gens presens porteurs touchant voz affaires. Je suis bien desplaisante que l'on n'y a peu besongner, mais pour ce que monsr d'Alby [1] et autres que monseigneur avoit mandez venir devers luy, à ceste cause, ne sont pas venuz, et aussi que mondit seigneur s'en va faire ung voyaige en Bourgongne, delibere incontinant qu'il sera venu de vous mander et de faire entendre et vacquer en la matiere, et soyez seur mon cousin que je desire que quelque bonne yssue se y puisse trouver, ainsi que j'ay dit à vosd. gens, priant Dieu, mon cousin, qui vous ait en sa saincte garde. Escript aux Montilz soubz Blois, le xv° jour de may.

Signe : ANNE.   *Contresigné :* SAPIN.

Au dos : A mon cousin le seigneur de Rohan.

[Original papier. — Bibl. munic. de Nantes, mss 680, 16.]

XXI

LETTRE AU SEIGNEUR DE ROHAN.

(Romorantin, 21 août [1499].)

A mon cousin le sgr de Rohan,

Mon cousin, j'ay veu les lectres que m'avez escriptes par mon cousin vostre filz [2]. J'ay recouvert du marchant que vous avoye escript les lanne-

---

[1] Louis d'Amboise, évêque d'Alby (voir note du n° xi). Il était arbitre dans la cause pendante entre Anne et le seigneur de Rohan (D. MORICE, *Pr.*, III, p. 849).

[2] Jacques de Rohan, fils aîné de Jean.

relz par le moien de ce bon faulconnier Clemault et povez penser puis qu'ilz
sont choisiz par sa main qu'ilz ne pevent faillir à se trouver bons. Je les
vous envoye par le sgr d'Estuer [1], mon eschançon, mais je me actens bien
d'en avoir pour recompense quelque beau levrier [2].

Mon cousin, je congnois de plus en plus la continuacion du bon vouloir
que avez à moy. Aussi povez estre seur que vous me trouverez tous
iours pour m'employer et faire pour vous autant et d'aussi bon cueur que
pour parent que j'aye.

Led. d'Estuer vous dira de mes nouvelles et aussi de celles qui sont
venues au Roy de son armée de Millan, qui sont très bonnes à son intencion, graces à Dieu qui, mon cousin, vous ait en sa sainte garde. Escript
à Romorantin, le xxie jour d'aoust.

Signé : ANNE.   *Contresigné :* C. NORMANT.

[Copie de M. Bizeul. — Bibl. munic. de Nantes, mss 680, 153.]

XXII

LETTRE AU SEIGNEUR DE ROHAN POUR LE RETOUR DE SON FILS.

(Romorantin, 12 octobre [1499].)

A mon cousin le sgr de Rohan.

Mon cousin, j'avoie donné congé pour ung mois à mon cousin vostre filz
pour vous allez veoir et ma cousine vostre femme. Mais il a bien prins plus
long terme, et pour ce qu'il est temps qu'il viegne je vous prie que le
m'envoiez, et à Dieu, mon cousin, qui vous ait en sa saincte garde. Escript
à Romorantin, le xiie jour d'octobre [3].

Signé : ANNE.   *Contresigné :* SAPIN.

[Copie de M. Bizeul. — Bibl. munic. de Nantes, 680, 154.]

---

[1] Thomas d'Estuer figure avec la qualité d'échanson sur divers états des officiers de la reine de 1491 à 1505. (D. MORICE, *Preuves*, III, p. 725, 877.) Le
compte de Jean de l'Espinay en 1508, mentionne «M. d'Estuer, maistre de l'ar-
tillerie de Bretagne». (*Ibid.* p. 889.)

[2] Sur le goût d'Anne pour les animaux, voir LE ROUX DE LINCY, *op. cit.*, t. II,
p. 190.

[3] Cette lettre a été écrite un jour avant la naissance de Claude, fille d'Anne,
née à Romorantin le 13 octobre 1499 (P. ANSELME, t. I, p. 128). Dans l'attente
de cette naissance, Anne était depuis quelque temps déjà à Romorantin (voir la
lettre précédente) à cause de la contagion qui sévissait à Blois. (LE ROUX DE
LINCY, *op. cit.*, t. I, p. 193.)

XXIII

LETTRE AU SEIGNEUR DE ROHAN, TOUCHANT SES AFFAIRES.

(Moulins, 23 décembre [1499].)

A mon cousin, le sgr de Rohan.

Mon cousin, j'ay receu voz lettres que dernierement me rescripvistes à Amboise et veu le double du mandement que avez impetré pour voz affaires et pour donner une bonne fin et conclusion en la matière, j'ay faict adviser ung nombre de bons et notables personnaiges au moien desquelz j'espère que la chose sera vuydée à la raison, vous advisant, mon cousin, que de ma part je le désire, comme plus amplement serez informé par votre (*sic*) serviteur à qui j'en ay dit et declairé ma voulenté.

Mon cousin, il faut bien que je vous mercie de vostre beau levrier et vous asseure que m'avez fait grant plaisir, et quant en aucune chose je me pourray employer pour vous le feray de bon cueur, priant Dieu, mon cousin, qui vous ait en sa garde. Escript à Molins, le xxiii* jour de decembre.

Signé : ANNE.   *Contresigné* : C. NORMANT.

Copie de M. Bizeul. — Bibl. munic. de Nantes: mss 680, 155.]

XXIV

LETTRE AU SEIGNEUR DE ROHAN, MÊME SUJET.

(Orléans, 24 décembre [1499].)

Mon cousin, j'ay receu les lettres que m'avez escriptes par le pourteur touchant voz affaires, et en ay parlé au Roy qui y a tres bonne voulenté ainsi que pourrez cognoistre par les lettres qu'il vous escript. Il s'en va jusques à Paris et Saint-Denis où il n'arrestera guieres; et après s'en doit venir à Loches pour sejourner ung bon espace de temps auquel lieu me semble que pourrez venir ou envoier voz gens, car là on pourra faire entendre en vosd. affaires, aussi en celluy de feue ma cousine Ysabeau ausquelz je desire y estre trouvé quelque bonne yssue, et à Dieu, mon cousin, qui vous ait en sa saincte garde. Escript à Orléans, le xxiiii* jour de decembre.

Signé : ANNE.   *Contresigné* : SAPIN.

Au dos : A mon cousin le sgr de Rohan.

[Original papier. — Bibl. munic. de Nantes, mss 668, 34.]

XXV

LETTRE AU CARDINAL ANTOINE PALLAVICINI[1] AU SUJET D'UN ARRANGEMENT CONCLU ENTRE LEDIT CARDINAL ET OLIVIER DE BROON, TOUCHANT L'ABBAYE DE SAINT-MÉLAINE, DIOCÈSE DE RENNES.

(Paris, 29 juillet [1500].)

Anne par la grace de Dieu royne de France, duchesse de Bretaigne.

Tres cher et grant amy,

Nous avons sceu l'appoinctement pourparlé entre vous et nostre amé et feal conseillier et aumosnier frère Olivier de Bron[2], touchant l'abbaye de Saint Melaine en nostre pais et duché de Bretaigne, par lequel appoinctement nostredit conseillier et aumosnier vous consent pension de deux cens cinquante ducatz et baille les deux prieurez de Bedeec et de Racelle (*sic*) Guerchaise[3] situez en nostredit pais de Bretaigne, qu'il avoit pacifiques, pour autres deux cens cinquante ducatz oultre ses autres benefices dont il estoit paisible, qu'il avoit par avant semblablement baillez au seigneur de Mesthe[4] et autres, tellement que par cellui appoincté ne luy demoureroit

---

[1] Cette lettre est adressée au cardinal de Sainte-Praxède. C'était alors Antoine Pallavicini, personnage éminent qui joua un rôle important notamment dans les guerres d'Italie, lors des passages de Charles VIII à Rome. Il était précédemment cardinal de Sainte-Anastasie, titre sous lequel il est question de lui dans plusieurs documents pontificaux ou ducaux conservés aux Archives de la Loire-Inférieure, E 54. Il y est désigné simplement par son prénom Antonio, Antoniottus, avec sa dignité de cardinal-prêtre de Sainte-Anastasie. Il avait été recommandé à la duchesse Anne par le pape Innocent VIII, en 1490 (voir bulle et bref de ce pontife, 29 août et 3 septembre 1490. Archives de la Loire-Inférieure, E 54). Mais Anne avait refusé de le reconnaître et avait approuvé l'élection du frère Olivier de Broon. A la mort de ce dernier, Alexandre VI envoya à la reine Anne un bref daté du 3 avril 1503 pour lui faire obtenir cette abbaye. La minute d'une lettre d'Anne, donnée à Lyon, montre que la reine accéda à ce désir. La diversité des titres sous lesquels le cardinal Pallavicini est désigné dans nos documents a établi à son sujet une confusion. Au lieu de reconnaître l'identité du cardinal de Sainte-Anastasie avec celui de Sainte-Praxède, on en a fait deux personnages différents. Dans son remarquable *Pouillé de l'archidiocèse de Rennes*, M. le chanoine Guillotin de Corson ne semble pas avoir soupçonné cette identité. (Voir cet ouvrage, t. II, p. 14, Catalogue des abbés de Saint-Mélaine.)

[2] Olivier de Broon, fils d'Olivier, seigneur de Broon et de Marie du Tillay, élu une première fois abbé de Saint-Mélaine en 1486, puis une seconde fois après la mort du cardinal de Foix en 1491. Il mourut le 20 février 1501.

[3] Bédée (Ille-et-Vilaine, arr. de Montfort) et la Celle-Guerchaise (Ille-et-Vilaine, arr. de Vitré).

[4] Jehan de la Verue, seigneur de Mesche ou Maiche. (D. MORICE, *Pr.*, III, 665, 724.)

que ladicte abbaye chargée de ladite pension, avec vostre regrez[1] à icelle
abbaye, s'il avenoit que ledit de Bron allast premier de vie à trespas; et
combien que ledit appoinctement seroit desrogant à noz droiz et privileges,
toutesfois pour ce que nous avons congneu que volentiers et de bon cueur
vous estes tousjours employé pour nous et les nostres en noz afferes de par
dela, et confians que serez aidant et moien envers Nostre saint Pere de faire
avoir reservacion à nostredit conseillier et aumosnier des premiers benefices
de son ordre qui vacqueront en nostredit pais et duché jusques à semblable somme de cinq cens ducatz qu'il vous baille pour ladite recompense,
nous avons volu et consenty que vous et luy puissiez faire et conclurre
ledict appoincté, et fait expedier noz lectres de naturalité et habilitacion
quant à ce, ainsi que pourrez veoir par icelles et le double des lectres que
en escripvons à nostredit saint Pere pour ceste matière. Si vous prions tres
affectueusement que ayant regart à ce, et en continuant le bon vouloir que
tousjours avez montré avoir à nous et à noz serviteurs, vous vueillez employer envers nostredit saint Père à ce qu'il concede et octroye à nostre
dit conseillier et aumosnier lectres et bulles de ladite reservacion desditz premiers benefices vaccans en nostredit pais et duché, jusques à ladite valeur
de v ducatz, car autrement ne luy seroit possible entretenir ladite abbaye
ne le service divin et edifice d'icelle, veu la povreté en quoy ladite abbaye est parvenue à l'occasion des guerres. Par quoy, en ce faisant,
nous ferez bien grant plaisir et en aurons vous et vos affaires de par deça
tousjours en plus grande recommandacion. Tres cher et nostre grant amy,
Seigneur vous ait en sa saincte garde. Donné à Paris, le xxix° jour de
juillet.

Signé : ANNE.   *Contresigné* : C. NORMANT.

Au dos : A nostre tres cher et grant amy le cardinal de Saincte Praxede.

[Original parchemin. — Arch. départ. de la Loire-Inférieure, E 54, trace de
cachet plaqué.]

XXVI

LETTRE AU PAPE ALEXANDRE VI AU SUJET DE L'ÉLECTION
DE L'ÉVÊQUE DE RENNES.

(Blois, 4 mars [1502].)

Tres saint Pere,

Nous avons presentement sceu que, puis nagueres de jours, l'evesque de
Rennes est decedé[2]. Et pour ce que nous desirons que oud. evesché soit

[1] On voit par la note 1, p. 36, que le cardinal fit valoir ce droit de retour.
[2] Michel Guibé, fils d'Adenet Guibé et d'Olive Landais, transféré du siège

pourveu de bon personnage, seur, feable et agreable à monseigneur et à nous, pour les raisons que ferons cy apres savoir à vostre sanctité, à ceste cause, tres saint Pere, nous prions et requerons icelle que son plaisir soit ne faire aucune provision dudit evesché de Rennes à quelque personne que ce soit, jusques à ce que mond. seigneur et nous en ayons escript plus amplement de nostre vouloir et intencion sur ce à vostre d. S**, et elle nous fera tres agreable plaisir, priant Dieu, tres saint Pere, que icelle vueille longuement preserver et garder à bon regime et gouvernement de sa saincte eglise. Escript à Bloys, le iii**° jour de mars.

Vostre devote fille, la Royne de France, duchesse de Bretaigne.

Signé : ANNE.   *Contresigné :* SAPIN.

[Original papier. — Arch. départ. de la Loire-Inférieure, E 40. — La lettre est écrite sur une feuille double, dans sa largeur. Le dos est sans suscription, traces de cachet de cire rouge.]

XXVII

LETTRE À LOUISE DE SAVOIE, COMTESSE D'ANGOULÊME.

(Meung, 30 mars [1506].)

Réponse à Madame d'Engoulême [1].

Ma cousine,

Jé veu les letres que m'avés escriptes par se porteur, par les quelles je voy que vous donnés peine d'une chousse qui n'est besoing, et me semble, ma cousine, que n'y devez plus penser non plus que moy, quar de se je tiens peu d'essetime, et pense que pour une telle chousse vous aie en defiensse. Je vous repons que non n'ay, et que vous tenés sertenne de ma bonne grasse, quar tant que je vive, vous ne me trouverez à la controverse, et ne faites doute en moi non plus que voulés que je fasse en vous.

Ma cousine, vous ne serez ebaïe si je ne vous escris de ma main, car aujourd'hui est venu au Roy nouvelles d'Espagne et je suis enbesongnée de fayre reponse aux letres que le Roy et la Royne d'Espagne m'ont ecriptes,

de Dol à celui de Rennes en 1482, venait de mourir le 27 février 1502. Le chapitre élut pour lui succéder Gui le Lyonnais, sous le bon plaisir de la reine. Anne, n'ayant pas agréé cette élection faite le 13 mars, désigna pour l'évêché de Rennes le frère du défunt, Robert Guibé, qui prêta serment de fidélité au roi le 21 mai 1502. (*L'Église de Bretagne*, par l'abbé TRESVAUX, Paris, 1839, p. 26.)

(1) Louise de Savoie, fille de Philippe et de Marguerite de Bourbon, épouse de Charles d'Orléans, comte d'Angoulême, mère de François I**, morte le 22 septembre 1531.

pour se que la posete [1] se depeche demain au matin. Je pense les nouvelles dudit lieu bonnes, la grasse à noutre seigneur, les nopses sont faites [2], et je ne sé lequel se loue plus ou le mary ou la fame, et, au demeurent, le Roy d'Espagne a tenu les chouses accordées entre le Roy et luy : et pourtant, ma cousine, que je pense que en povés savoier plus emplement par se porteur, feré fin à ma letre en priant à Dieu vous donner ce que desirés. A Mun.

[Copie, sans indication de provenance. — Bibl. munic. de Nantes, mss 680, 165.]

[1] La poste.

[2] Il s'agit ici du mariage de Ferdinand, roi d'Espagne et d'Aragon, avec Germaine de Foix, nièce de Louis XII, pour laquelle Anne de Bretagne avait une affection très particulière. Germaine était partie de France le 29 décembre 1505. Son mariage eut lieu en 1506. Cette lettre, sans date, était accompagnée d'une autre qui porte la date du 30 mars 1506, et qui était écrite par Michelle de Saubonne. Les copies de ces deux lettres se trouvent dans le même dossier, sans indication d'origine.